AF297794

HENRI LEMAITRE.

Statuts
des Religieuses du Tiers Ord. Franc.
dites sœurs grises hospitalières (1483).

Extractum ex Periodico
"ARCHIVUM FRANCISCANUM HISTORICUM".
An. IV. — Fasc. IV

Typ. Collegii S. Bonaventurae
AD CLARAS AQUAS prope FLORENTIAM
(Quaracchi presso Firenze)
1911.

STATUTS

DES RELIGIEUSES DU TIERS ORDRE FRANCISCAIN

DITES SŒURS GRISES HOSPITALIÈRES

(1483)

Les historiens qui durant ces dernières années se sont occupés des institutions hospitalières, passent complètement sous silence toute une branche du Tiers-Ordre franciscain, qui dès le XV⁰ siècle s'est voué spécialement au service des malades. M. Léon Lallemand, dans son *Histoire de la Charité*, ne fait aucune mention de ces Tertiaires et par suite il attribue à une époque beaucoup plus récente la conception d'un ordre secourant les malades à domicile : « Cette pensée de la constitution de sœurs vivant au milieu du monde », déclare-t-il, « remonte à saint François de Sales, saint Vincent de Paul la réalise (1) ». La même assertion avait d'ailleurs été déjà présentée et soutenue avant lui par Mgr. Bougaud (2) et Mgr. Baunard (3) ; selon ces auteurs aucun ordre de femmes jusqu'au XVII⁰ siècle n'avait eu une règle assez large pour lui permettre de soigner chez eux les malades qui ne voulaient ou ne pouvaient pas quitter leur famille.

Le texte que nous publions ici, montre jusqu'à quel point pareille affirmation est peu fondée : les Statuts de 1483 règlent en effet avec force détails la façon dont les sœurs hospitalières doivent se conduire quand elles sont appelées à porter leurs soins en dehors de leurs maisons : ce qui prouve péremptoirement qu'à cette date et même avant — sans doute depuis la reconnaissance de leur ordre par Jean XXIII en 1413 (4), — elles n'exerçaient pas uniquement leurs œuvres de charité à l'intérieur de leurs hôpitaux. Ainsi donc dès le début du XV⁰ siècle la Règle du Tiers-Ordre franciscain, si souple dans ses applications, s'était accommodée au service des malades en ville et avait donné assez de liberté à des religieuses pour les laisser vivre dans le monde, tout en les astreignant aux mêmes exercices de piété que les moniales.

---

(1) T. III, Paris, 1909, p. 44-47 ; t. IV, 1ʳᵉ partie, p. 44.

(2) *Histoire de sainte Chantal et des origines de la Visitation*, 11ᵉ édition, t. Iᵉʳ, Paris, 1901, p. 440.

(3) *La vénérable Louise de Marillac, Mˡˡᵉ Legras, fondatrice des filles de la Charité de Saint Vincent de Paul*, Paris, 1898, p. 468-9.

(4) La bulle de Jean XXIII du 26 août 1413, Eubel, *Bull. franc.*, t. VII, p. 471-2, ne traite malheureusement pas des occupations dévolues aux Hospitalières.

Ces religieuses portaient le nom de « *Sœurs grises* » à cause de leur vêtement gris-blanc; il faut noter toutefois que la couleur de leur habit a varié et que dans certains couvents elles étaient vêtues de noir, comme à Saint-Omer (1), dans d'autres de blanc ou de bleu obscur (2). On les appelait aussi « *Sœurs de la Celle* » et dans plusieurs villes on les désignait soit par le vocable du saint sous la protection duquel elles s'étaient placées; soit par le nom de la rue où se trouvait leur logis : « *Dames de Ste Elisabeth* » à Abbeville et à Amiens; « *Dames de Saint-Julien* » à Amiens, Douai, Dunkerque; « *Sœurs de Ste Marguerite* », à Saint-Omer; « *Sœurs de St. Jean* » à Dunkerque, « *Sœurs du Soleil* » à Saint-Omer; dans cette dernière ville on les nommait aussi « *Filles du pain pour Dieu* » à cause de leurs fonctions charitables (3) et à Hesdin « les *Loès-Dieu* » (4).

Elles vivaient selon la troisième règle de saint François reconnue par Nicolas IV (5), que Jean XXIII avait précisée à leur intention (6), tout en leur laissant la faculté de faire de nouveaux statuts, en corrigeant, augmentant ou diminuant les anciens selon l'avis de leurs supérieurs.

Les statuts qu'elles se donnèrent en 1483 n'apportent guère de modifications aux prescriptions de la bulle de Nicolas IV; mais ils les complètent en indiquant en détail les occupations qui en dehors des heures canoniales doivent remplir la journée.

D'après eux ces religieuses ont pour principale fonction de servir les malades; elles doivent le faire gratuitément et sans se proposer d'autre but que l'amour de Dieu et le salut du prochain. Elles donnent leurs soins soit dans leurs hôpitaux, soit à domicile.

Quand elles vont soigner les malades en ville elles doivent toujours être deux et ne veiller jamais plus de deux ou trois nuits dans la même maison pour éviter toute familiarité avec les séculiers. Il leur est recommandé de ne pas sortir de nuit, sauf le cas d'absolue nécessité, et de ne pas manger en dehors du couvent, à moins que le service des malades ne l'exige.

Lorsqu'elles n'ont pas d'autre occupation, elles travaillent à l'ouvroir à des ouvrages « de commune utilité », des ouvrages de couture probablement.

Les établissements des Sœurs grises étaient répandus surtout en Flandre, dans les diocèses de Thérouanne, de Tournai, de Cambrai et d'Arras. La bulle de Jean XXIII signale seulement six

---

(1) Deschamps de Pas, *Histoire de St-Omer*, Arras, 1871, p. 182.
(2) Hélyot, *Histoire des ordres monastiques*, Paris, 1718, t. VII, p. 301.
(3) Derheims, *Histoire civile de St-Omer*, Saint-Omer, 1843, p. 585.
(4) Dr. B. Danvin, *Vicissitudes, heur et malheur du Vieil-Hesdin*, St.-Pol, 1866, p. 364.
(5) Bulle du 18 août 1289. Cf. Wadding, *Ann. Min.*, t. II, p. 9-14; Sbaralea, *Bull. Franc.*, t. IV, p. 94-7. La règle primitive de cet ordre a été publiée par M. P. Sabatier, dans ses *Opuscules de crit. hist.*, Paris, 1903, t. Ier, p. 17-30.
(6) Bulle du 26 août 1413: « *Personas vacantes* ». Cf. Eubel, *Bull. Franc.*, t. VII, p. 471-2. Wadding., t. IX, p. 535-7. — Voir AFH t. IV, p. 540.

maisons, celles de Bergue-St-Winoc, de Dixmude, de Furnes, de Nieuport, de Poperinghe et d'Ypres ; la bulle de Martin V du 19 juin 1430 (1) mentionne en outre celles de Dunkerque, Hondschoodt et Saint-Omer ; celle de Paul II du 12 sept. 1465 (2) cite celles de Wisebecq, de l'Ecluse, de Bourbourg, de Boulogne, d'Hazebrouck, de Merville, de Viane et de La Bassée. Les présents Statuts nomment vingt-et-une maisons et termine l'énumération par un « et autres » qui laisse à entendre que toutes ne figurent pas là.

Voici la liste de ces établissements, que nous avons complétée autant que nous avons pu ; nous l'avons classée alphabétiquement pour en faciliter la consultation (3).

ABBEVILLE. — Maison de Sainte-Élisabeth, fondée dans un ancien béguinage en 1456 ; église dédiée et consacrée en 1471 (acte aux archives municipales) ; confirmée par bulle de Sixte IV. — Cf. Gonzaga, *De Orig. seraph. relig.*, Romae, 1587, p. 595 ; 2ᵉ éd., Venetiis, 1603, p. 682 ; Wadding, *Annales Minorum*, t. XII, p. 486, ad an. 1456, n. CCXL ; Louandre, *Histoire d'Abbeville*, Abbeville, 1844, t. II, p. 471.

ALOST. — Maison fondée par Thierry Theerpenninck. — Cf. Sanderus, *Flandria illustrata*, t. III, p. 147.

* AMIENS. — Maison de Saint-Nicolas, concédée par la Magistrat le 13 février 1480 à treize religieuses, chassées de Merville par le fait de la guerre selon les uns, venues de Braye-sur-Somme selon d'autres ; confirmée par Sixte V le 7 sept. 1483. — Cf. Gonzaga, p. 596¹, 684² ; Wadding, op. cit., t. XIV, p. 274 an. 1481 n. XXXIV ; F.-I. Darsy, *Bénéfices de l'église d'Amiens*, t. Iᵉʳ, 1869, p. 128.

* ARDRES. — Nous n'avons rien trouvé sur cette maison.

ARMENTIÈRES. — Maison fondée en 1481 par Jacques de Luxembourg, seigneur de Fiennes et d'Armentières ; les religieuses venaient de Wisebecq. — Cf. Buzelin, *Gallo-Flandria*, t. Iᵉʳ, Duaci, 1625, p. 147 et 420c.

ARRAS. — L'Hôtel-Dieu est confié en 1478 par le chapitre à treize religieuses, chassées de La Bassée par le fait de la guerre. — Proyart, *Mém. acad. Arras*, 1846, p. 254.

AUDENARDE. — Maison fondée avant le 6 octobre 1440, puisqu'à cette date Eugène IV lui octroie une bulle. — Wadding, an. 1440 n. XLIII ; t. XI, p. 115 et 392.

* AVESNES. — Maison fondée vers 1450 par des religieuses venues de Wisebecq ; la première maîtresse s'appelait Jeanne Pénart. Le couvent essaima à Beaumont et à Nivelles. — Cf. Ph. Brasseur, *Origines omnium Hannonie cenobiorum*, Mons, 1638, p. 353-4.

BAILLEUL. — Maison existant dès le commencement du XVᵉ siècle, puisqu'elle envoie en 1440 des religieuses à Merville. — Cf. *Statistique archéologique du département du Nord*, Lille, 1867, t. II, p. 190.

---

(1) Eubel, *Bull. franc.*, t. VII, p. 736.

(2) Wadding, t. XIII, p. 552.

(3) Les noms de localité précédés d'une astérique sont ceux qui sont cités dans les Statuts de 1483. — Un certain nombre de ces maisons a été relevé par le P. Apollinaire, capucin, dans son *Essai sur les Franciscaines hospitalières et gardes-malades depuis le XIIIᵉ siècle jusqu'à la Révolution française*, Saint-Omer, 1872, p. 18 à 23. Nous ne renverrons pas à cet article, l'auteur ayant mené son enquête un peu trop rapidement.

LA BASSÉE. — Maison fondée avant 1450; les religieuses se réfugient à Arras en 1478 au nombre de treize. — Cf. Buzelin, *Gallo-Flandria*, t. Ier, p. 420. A et 489 B; Proyart, *Mém. acad. Arras*, 1846, p. 254.

* BEAUMONT. — Maison fondée en 1476 par des religieuses venues d'Avesnes; la première maîtresse s'appelait Élisabeth Godefroid († 1496). Le couvent essaima à Fosses dans le pays de Liège et au Quesnoy. — Cf. Ph. Brasseur, op. cit., p. 357; N.-J. Cornet, *Les anciennes Communautés franciscaines de femmes dans la Belgique wallonne soumises aux Récollets* dans *Anal. hist. eccl. Belg.*, t. VIII, Louvain, 1871, p. 485.

* BERGUE-SAINT-WINOC. — Maison mentionnée dans la bulle de Jean XXIII du 28 août 1413; Eubel, *Bull. franc.*, t. VII, p. 471; AFH, t. IV, p. 541. — Cf. Sanderus, I. c. t. II, p. 298; Derode, *Histoire religieuse de la Flandre maritime*, Paris, 1857, p. 262.

BERNAY. — Hôpital confié aux Sœurs grises par Louis XI en 1470. — Cf. Gonzaga, p. 599[1]; 687[2]. Wadding, an. 1470, n. XXVII; t. XIII, p. 460.

BÉTHUNE. — Maison fondée en 1467 par Isabelle de Portugal, femme de Philippe le Bon; on confie aux religieuses la direction de l'hôpital d'En Bas en 1496. — Cf. Wadding, an. 1467, n. XXXV; t. XIII, p. 413; Ed. Cornet, *Hist. de Béthune*, t. II, Béthune, 1892, p. 304, 306-7, 325, 406-409.

* BOULOGNE-SUR-MER. — Maison de Sainte-Catherine, mentionnée dans la bulle de Paul II du 12 sept. 1465 (Wadding, t. XIII, p. 553). — Cf. Gonzaga, p. 597[1]; (684[2]).

* BOURBOURG. — Maison fondée en 1456 par Henri de Lorraine, évêque de Thérouanne; les religieuses, venues sans doute de Saint-Omer, s'appelaient Madeleine Deckens (maîtresse), Willelmine, Jeanne et Nicaisine; mentionnée sous le nom de « Surbuch » dans la bulle de Paul II du 12 sept. 1465 publiée par Wadding, t. XIII, p. 553. — Cf. Sanderus, op. cit. t. II, p. 324; E. de Coussemaker, dans *Ann. com. flam. de France*, t. IX (1857), p. 117.

* BRAY-SUR-SOMME, et non SUR-SAÔNE. — Maison de Saint-Jean-Baptiste, fondée vers 1415 par Marguerite de Coucy, dame d'Offemont, brûlée en 1472 par le duc de Bourgogne. Le couvent aurait essaimé à Amiens et à Roye selon Gonzaga (p. 600[1]; 688[2]). — Cf. Hector Josse, *Histoire de la ville de Bray-sur-Somme*, Amiens, 1882, p. 219-224.

* BRUGES. — Maison de Sainte-Élisabeth, fondée en 1471 par Marie Bruynsteyns; ce couvent essaima à Dixmude. — Cf. Sanderus, op. cit., t. II, p. 131.

CHIÈVRES. — Maison fondée en 1435 par Quentine de Jauche, dame de Mastaing, et autorisée par la bulle d'Eugène IV du 1er août 1435: « *Sincere devotionis* ». Les religieuses venaient du diocèse de Thérouanne. — Cf. Wadding, t. X, 266 an. 1435 n. LXXXVIII; Ph. Brasseur, op. cit., p. 352; N. J. Cornet, *Anal. hist. eccl. Belg.*, t. VIII, p. 471.

COMMINES. — Maison fondée en 1455 par Jean de Commines, conseiller et chambellan du duc de Bourgogne. — Cf. Buzelin, *Gallo-Flandria*, t. Ier, p. 54. D; Le Glay, *Cameracum christianum*, Lille, 1849, p. 355, note I.

COURTRAI. — Maison fondée en 1417 par Grégoire de Hoochstraat, curé de Saint-Martin, transférée en 1433 dans un immeuble acheté à Gilles De Tollenaer; la chapelle fut construite en 1473. — Cf. Wadding, t. XIII, 392; an. 1456 n. XXXIII; Sanderus, op. cit., t. III, p. 19.

DEYNSE. — Maison fondée en 1369, passa à la règle de Saint-Augustin en 1427. — Cf. Sanderus, t. III, p. 47.

DIXMUDE. — Maison de Saint-Jean mentionnée dans la bulle de Jean XXIII du 28 août 1413. (Eubel *Bull. franc.*, t. VII, p. 47; AFH, t. IV, p. 541). — Une autre maison de sœurs tertiaires, vêtues de noir, y fut fondée non en 1490, comme le croit Sanderus, mais en 1479; ces religieuses venaient de Bruges. Cf. Sanderus, t. III, p. 349; Van De Putte, *Ann. Soc. émul. Flandre occid.* t. III, 1841, p. 273-4.

* DOUAI. — Hôpital Saint-Thomas; Isabelle de Bourgogne, duchesse de Bourgogne, y installa en 1472 cinq Sœurs grises. — La maison de Saint-Julien, ne fut fondée qu'en 1580 par Jean Delefosse, seigneur de Courcelles avec l'aide de religieuses venues de W e r w i c k. Cf. Buzelin, *Gallo-Flandria*, t. 1er, p. 164. B, 420. D et 437. D; Brassart, *Notes historiques sur les hôpitaux... de Douai*, Douai, 1842, p. 141, 148; H.-R. Duthilloeul, *Histoire ecclésiastique et monastique de Douai*, Douai, 1861, p. 123-4.

* DUNKERQUE. — Maison mentionnée dans la bulle de Martin V du 19 juin 1430. (Eubel, *Bull. franc.*, t. VII, p. 736; Wadding, t. X, p. 482-3). — Hôpital Saint-Julien fondé en 1452 par David de Bourgogne, évêque de Thérouanne, avec huit religieuses venues de Saint-Omer. — Cf. Sanderus, t. II, p. 336; Derode, *Histoire religieuse de la Flandre maritime*, p. 265-8.

* L'ÉCLUSE. — Maison Notre-Dame fondée par Guillaume de Namur, donc avant 1418, et agrandie par Isabelle de Portugal, duchesse de Bourgogne; mentionnée dans la bulle de Paul IV du 12 sept. 1465. (Wadding, t. X'II, p. 553). — Cf. Sanderus, t. II, p. 213.

ESTAIRES. — Maison fondée en 1462 par Marie d'Enghien, dame d'Estaires. — Cf. Sanderus, p. III, t. 99.

FURNES. — Maison mentionnée dans la bulle de Jean XXIII du 26 août 1413. (Eubel, *Bull. franc.*, t. VII, p. 473; AFH, t. IV, p. 541). — Cf. Sanderus, t. III, p. 118..

GAND. — Maison de Saint-Jean, fondée selon Sanderus par Marie de Bourgogne, fille naturelle de Philippe le Bon; Martin V lui accorda le 28 mai 1427 la bulle « *Digna reddimur attentione sollicitati* ». — Maison de Saint-Jacques, fondée en 1462 par Isabelle de Portugal, femme de Philippe le Bon. — Cf. Wadding, an. 1427 n. XLV, t. X, p. 128 et 431; an. 1445 n. XL, t. XI, p. 248 et 279-80; an. 1469 n. XL, t. XIII, p. 447; an. 1490 n. LXIX, t. XIII, p. 495.

GRAMMONT. — Nous n'avons pu préciser la date de fondation de cette maison, mais elle remonte au XVe siècle. — Cf. Sanderus, t. II, p. 177.

GRAVELINES. — Deux maisons de Sœurs grises et de Sœurs noires (Saint-Pierre) devant remonter également au XVe siècle. — Cf. Sanderus, t. III, p. 357; Derode, *Histoire religieuse de la Flandre maritime*, p. 264.

HAZEBROUCK. — Maison mentionnée dans la bulle de Paul II, du 12 sept. 1465: Wadding, t. XIII, p. 554 n. IV. — Cf. Sanderus, t. II, p. 463; H. Théry, *Ann. com. flamand de France*, t. XV, p. 251 sqq.

HESDIN. — Maison fondée avant 1344, selon le Dr. B. Danvin, *Vicissitudes, heur et malheur du Vieil-Hesdin*, St. Dol, 1866, p. 364; mentionnée dans la bulle de Paul II du 12 sept. 1465: Wadding, t. XIII, p. 554 n. IV.

HONDSCHOOTE. — Maison fondée en 1418 par Nicolas de Bardeloos et sa femme Christine, mentionnée dans la bulle de Martin V du 19 juin 1430. (Eubel, *Bull. franc.*, VII, 736; Wadding, t. X, p. 483) et spécialement reconnue dans une bulle de Pie II de 1461. — Cf. Sanderus, t. II, p. 321; Derode, l. c., p. 264.

LESSINES. — Maison fondée en 1470; les Sœurs grises cédèrent la place en 1530 à des Augustines. — Cf. Ph. Brasseur, *Origines omnium Hannonie cenobiorum*, p. 356.

LOUVAIN. — Maison fondée en 1402 en exécution du testament de Laurent De Vroede; les religieuses venaient de Tirlemont. — Cf. E. Reusens, *Anal. hist. eccl. Belg.*, t. VII, p. 213-219.

LUNÉVILLE. — Maison de Saint-Antoine de Padoue, fondée en 1481; église consacrée en 1494. — Cf. Gonzaga, p. 598[1], 686[2]; Wadding, an. 1481 n. XXXV, t. XIV, p. 275.

MERVILLE. — Les Sœurs grises, qui déjà soignaient les malades en ville, furent mises en possession de l'Hôtel-Dieu en 1440, à la requête d'Isabelle de Portugal, duchesse de Bourgogne; elles venaient de Bailleul (*Statistique archéologique du département du Nord*, t. Ier, p. 190-2). Cette maison est mentionnée dans la bulle de Paul II du 12 sept. 1465: Wadding, t. XIII, p. 554, n. IV. — Cf. H.-A. Detournay, *Bulletin com. flamand de France*, t. VI, p. 386, 403.

* MONS. — Maison de Saint-Jean-L'Évangéliste fondée en 1470; les religieuses venaient de Wisebecq. — Cf. Ph. Brasseur, l. c., p. 355-6; N.-I. Cornet, *Anal. hist. eccl. Belg.*, t. VIII, p. 468-9; Félix Hachez, *Ann. cercle archéol. Mons*, t. Ier, p. 203-8.

MONTDIDIER. — Maison de Saint-Louis évêque, fondée selon Gonzaga, p. 597[1] (685[2]) en 1485, mais en réalité en 1476. — Cf. F.-I. Darsy, *Bénéfices de l'église d'Amiens*, t. Ier, p. 344-5.

MONTREUIL-SUR-MER. — Les Sœurs grises furent appelées de la maison de Sainte-Catherine de Saint-Omer, en vertu d'une délibération du magistrat en date du 6 mars 1457; elles vinrent au nombre de quatre, la maîtresse se nommait Fleur de Werchin. Leur maison fut dédiée à Saint-Julien et reconnue par une bulle de 1458. — Cf. Gonzaga, 595 (681-2[2]) Wadding, an. 1458 n. XLIX, t. XIII, p. 82; F.-I. Darsy, l. c., t. II, 1871, p. 191; Braquehay, *Montreuil-sur-mer, l'hospice Notre-Dame...* p. 9-10.

NEUFCHATEL-EN-BRAY. — Maison de Saint-Gabriel fondée selon Gonzaga, p. 599[1] (687-8[2]) et Wadding, an. 1470 n. XXXVII. t. XIII, p. 460, en 1470 par Louis XI; selon un chroniqueur local elle n'aurait été fondée qu'en 1512 par deux religieuses venues de Rue (F. Bouquet, *Documents concernant l'histoire de Neufchâtel-en-Bray*, Rouen 1885, p. 6-7); enfin d'après Dom Bodin, ce serait sept religieuses venues d'Hesdin en 1507 qui auraient créé cet établissement (*Histoire civile et militaire de Neufchâtel-en Bray*, publiée par F. Bouquet, Rouen, 1886, p. 9-11).

* NIEUPORT. — Cette maison aurait été fondée par le Magistrat en 1469, selon Sanderus, t. II, p. 343; cependant elle existait déjà en 1413 puisqu'elle est citée dans la bulle de Jean XXIII, datée du 26 août 1413. (Eubel, *Bull. franc.*, t. VII, p. 471; AFH, t. IV, p. 541).

* NIVELLES. — Maison fondée en 1479 par des religieuses venues d'Avesnes. — Cf. N.-J. Cornet, *Anal. hist. eccl. Belg.*, t. VIII, p. 468.

* OSTENDE. — Nous n'avons rien trouvé sur cette maison.

* POPERINGHE. — Maison mentionnée dans la bulle de Jean XXIII du 26 août 1413. (Eubel, *Bull. franc.*, t. VII, p. 471; AFH, t. IV, p. 541). — Cf. Sanderus, t. III, p. 353.

* ROYE. — Maison de Sainte-Élisabeth, fondée en 1480 par des religieuses venues de Bray-sur-Somme; l'église fut consacrée par un évêque d'Evreux. — Cf. Gonzaga, p. 597[1], 685[2]; Wadding, an. 1480 n. XXXV, t. XIV, p. 253; Hector Josse, *Histoire de la ville de Bray-sur-Somme*, p. 223, note.

* SAINT-OMER — Maison de Sainte-Marguerite fondée vers 1350; les religieuses prirent l'habit gris du Tiers-Ordre le 1er mai 1388, en présence du visiteur et deux frères du Tiers-Ordre; elles étaient au

nombre de sept. En 1427 Martin V accorde la permission à tout prêtre régulier de dire la messe dans leur chapelle; en 1468, à la prière d'Isabelle de Portugal, duchesse douairière de Bourgogne, Paul III les fait participer aux faveurs accordées au Tiers-Ordre dit de l'Observance. — Cf. L. Deschamps de Pas, *Histoire... de Saint-Omer*, p. 287. — Maison de Sainte-Catherine de Sion, située dans le faubourg du Haut-Pont, fondée en 1324 par Marguerite de Sainte-Aldegonde; les religieuses, Sœurs noires, Sœurs de la Celle, Sœurs de Lombardie (du nom de la rue où elles demeuraient) reçurent la règle du Tiers-Ordre de Grégoire XI en 1377 (cf. *Ibid.* p. 282); Eugène IV leur octroya la bulle: « *Dum sedulae mentis* » du 27 décembre 1440 pour compléter leur règle de vie (Wadding, an. 1440 n. XLIII, t. XI, p. 115, 405-6). En 1578 l'hôtel du Soleil leur fut concédé. — Cf. Jean Derheims, *Histoire civile de Saint-Omer*, Saint-Omer, 1843, p. 582-3; L. Deschamps de Pas, op. cit., p. 282, 284-287; Idem, *Recherches historiques sur les établissements hospitaliers de Saint-Omer*, Saint-Omer — Paris, 1877, p. 364-373.

SAINT-POL. — Maison des Sœurs noires, venues de Saint-Omer; cet établissement situé rue de Vascogne ou rue des Sœurs noires, fut fondé en 1480. — L'Hôpital était desservi par des Sœurs grises; nous ignorons depuis quelle d.te. — Cf. G.-E. Sauvage, *Histoire de Saint-Pol*, Arras, 1834, p. 48-50.

TIRLEMONT. — Maison existant dès la fin du XIVᵉ, puisqu'elle envoya des religieuses en 1402 à Louvain. — Cf. E. Reusens, *Anal. hist. eccl. Belg.*, t. VII, p. 213.

* TOURNAI.   Maison ayant adopté en 1437 la règle du Tiers-Ordre; les religieuses qui établirent la règle venaient de Saint-Omer et de Bergue-Saint-Winoc. — Cf. Hoverlant, *Histoire de Tournai*, t. X, p. 126-129; N.-J. Cornet, *Anal. hist. eccl. Belg.*, t. VIII, 1871, p. 469.

* VALENCIENNES. — Maison fondée en 1463 par Marie Le Bonne. — Cf. Ph. Brasseur, *Origines, omn. Han. cen.*, p. 354-5; Simon Le Boucq, *Histoire ecclésiastique de la ville et vicomté de Valentienne*, 1844, p. 168-171.

* VIANE. (Flandre orientale, arr. d'Alost, cant. de Grammont). — Maison mentionnée dans la bulle de Paul II du 12 sept. 1465 (Wadding, t. XIII, p. 554, n. 4).

WERWICK. — Cf. Sanderus, t. III, p. 358.

* WISEBECQ ou BRUGELETTES. — Maison de Saint-Nicolas fondée par Quentine de Jauche, dame de Mastaing, en 1406; essaima à Armentières, Avesnes et Mons. — Cf. Ph. Brasseur, l. c., p. 367-7; N.-J. Cornet, *Anal. hist. eccl. Belg.*, t. VIII, 1871, p. 471-2. Mentionnée dans la bulle citée: Wadding, l. c., p. 552, n. 2.

YPRES. — Maison mentionnée dans la bulle de Jean XXIII du 26 août 1413 (Eubel, *Bull. franc.*, t. VI, 471; AFH, t. IV, p. 541). — Cf. Sanderus, t. II, p. 341 et 354.

Les Statuts des Sœurs grises sont contenus dans le manuscrit *Nouv. acq. lat. 1810 de la Bibliothèque nationale*, manuscrit ayant appartenu aux Jésuites du collège de Clermont; ainsi que le prouve les Φ entrelacés de la reliure. L'écriture est du XVIIᵉ siècle. — Ces Statuts ont été connus par le P. Hélyot qui les cite p. 302 et 303 du t. VII de son *Histoire des ordres religieux*.

Statuts des religieuses du Tiers Ordre de St. François, dites Sœurs grises hospitalieres, faits par les venerables Peres le vicaire provincial de France, f. Jean Crohin (1), et le visiteur, f. Jaques Stoëtlin, presentes, consentantes et acceptantes les superieures et autres sœurs pour ce envoyees des couvents de St. Omer, Dunkerque, Boulogne, Bourbourg, l'Escluse, Wisebecq, Viane, Nieuport, Ostende, Mons, Douay, Avesnes, Propinges, Berge S. Winoc, Beaumont, Ardres, Bray-sur-Saone, Niveles, Amiens, Bruges, Tournay et autres. L'an 1483 à Wisbecq.

1. Statuts et ordonnances des Sœurs dites hospitalieres du Tiers Ordre de St. François en la p r o v i n c e d e F r a n c e, faits et confirmez par leurs v i s i t e u r ayant, pour ce faire, authorité apostolique et acceptés par les superieurs de cette famille pour elles et leurs couvents et ce en leur assemblee tenue à W i s e b e c q l'an de graces 1483, à l'Assumption de Notre Dame.

2. Afin que plus surement les Sœurs dites hospitalieres sachent et puissent á toujours de bien en mieux conserver et e n t r e t e n i r l e u r e s t a t et vocation selon Dieu et l e s b o n n e s c o u t u m e s de la religion, il leur a esté et est necessaire d'avoir certains s t a t u t s et o r d o n n a n c e s selon lesquelles elles puissent touttes ensemble avec charité se conformer, regler et conduire pour aquerir la perfection de vie et, en conversant parmy les seculiers pour exercer les œuvres de misericorde, donner si bon exemple qu'elles puissent consoler corporellement les pauvres m a l a d e s et edifier spirituellement touttes sortes de personne[s], ce qui retournera à la gloire de Dieu et au salut des ames.

3. Ces p r e s e n t s s t a t u t s e t o r d o n n a n c e s s o n t d i v i s e z en sept c h a p i t r e s dont le premier traite de la reception des sœurs à cette façon de vie, la 2e du service divin, la 3e de l'exercice des sœurs dans leur maison, le 4e du service des malades, le 5e de la maniere d'aller hors le convent, le 6e de la correction de sœurs quand elles font quelques fautes et le sept.e des suffrages et oraisons pour les morts.

Chapitre I.

De la maniere de recevoir les personnes à cet ordre et de l'instruction des novices et des jeunes sœurs.

1. Premierement quand quelques personnes demanderont d'estre receuës dans la compagnie des Sœurs, si on s'apperçoit que leur desir soit bien fondé en l'amour de Dieu, on le fera sçavoir au v i s i t e u r, ou à celuy qui en son absence a pouvoir de les recevoir, et jamais sans la permission du visiteur. On ne tiendra plus de quinze jours, au plus trois semaines, la fille qui demende l'habit, on ne recevra aussi nulle tabliere sans lad. permission du v i s i t e u r, et si on voit que lad. fille soit utile et convenable à la religion, elle sera reçeuë pour estre et

---

(1) Jean Crohin, d'abord vicaire provincial de Provence fut élu à Bâle le 24 juin 1472 vicaire général des Observants cismontains; il resta dans cette charge jusqu' au chapitre de Saint-Omer (14 mai 1475). Il était vicaire provincial des Observants de France, quand il fut nommé une seconde fois vicaire général de l'Observance au chapitre de Bruges (6 juin 1484); démissionnaire de cet office le 3 juin 1487, il fut élu une troisième fois vicaire général de l'Observance au chapitre de La Font près La Rochelle le 7 juin 1490. Il mourut vers 1494 au couvent de Perpignan. (Nic. Glassberger, *An. Fr.*, II, 454, 459, 489, 502, 506 et 513 et Wadding, *Ann. Min.*, t. XIV, p. 382).

demeurer avec les Sœurs, et luy donnera le chapelet (1) selon la coutume ancienne.

2. Les Sœurs donc examineront les manieres et qualitez [f. 3] desd. filles pendant quelque temps, les unes plus, les autres moins, comme le visiteur le trouvera à propos et les Sœurs le croiront estre utile; et en lad. reception quand on leur donnera l'habit et fera professes on s'informera si elles ont les conditions necessaires, sçavoir si elles sont vrayes catholiques en la foy et si elles veülent estre telles, si elles ne sont point soupçonnees d'erreurs ou mechantes opinions, si elles ne sont point diffamees par une mauväisse reputation, si elles n'ont point contractees quelques grandes débtes qu'elles ne puissent incontinent payer, si elles sont saines de corps, si elles sont dans une veritable disposition de faire tout ce que leurs superieurs leurs commanderont et de ne rien faire de ce qu'ils auront defendus, si elles ne sont pas mariees, si elles sont nees d'un mariage legitime, si elles sont d'une condition libre, si elles ont l'age competent, c'est à sçavoir 18 ans ou du moins si elles sont entrees dans le dix huitieme, si elles sçavent lire, si elles ont de bonnes dispositions pour les travaux de la religion.

3. Et quand elles seront trouvees avec touttes ces conditions, on leur fera faire leur testament pour distribuer leur bien où bon leur semblera; et alors le visiteur, ou celuy qu'il aura commis à la place, leur poura donner l'habit de probation dans lequel elles seront eprouvees l'espace d'un an entier. Et le visiteur leurs pourvoira d'une maitresse prudente et discrete et bien mortifiee qui les puisse bien former dans la vie spirituelle, qui leur apprenne à estre bien humbles et simples, à frequenter l'oraison et mediter souvent la passion de Nostre Seigneur Jesus Christ, à se mortifier et à avoir un grand mespris de soy mesme, qui les instruise comme elles seront obligees de se comporter envers leurs anciennes en leurs portant beaucoup de respect et estant toujours pretes à leurs faire plaisir et rendre service, comme elles se devront maintenir en allant par la ville au service des pauvres et malades et en parlant aux seculiers, qui enfin leurs enseigne le moyen de faire de tout leur proffit et regler tellement touttes leurs actions qu'elles ne puissent mal edifier personne (2).

4. Et parceque cecy demande beaucoup de bon sens et de discretion et qu'il y a bien des fatigues à essuyer au service des malades quand il faut les soulager, on ordonne expressement de ne recevoir à l'habit aucunnes filles au dessus de l'âge de 30 ans et au dessous de 17, à moins que ce ne fut une personne de telle condition qu'on en pourroit tirer beaucoup d'edification et proffit spirituel, ou bien que la personne fut d'une complexion forte et puissante, car alors on pouroit obtenir du visiteur une dispence.

5. Et affin que l'habit des novices soit distinguee de celuy des professes, il est ordonné que pendant l'annee de probation lesd. novices porteront une cinture de tissu blanc sur leur habit et n'auront point de scapulaire selon la coutume ancienne; et avant qu'elles soint professes elles se doivent entierement depouiller de leurs biens si elles en avoint, et faire tellement que leur testament soit suffisamment executé, lequel testament sera fait (si cela se peut) devant qu'elles soint professes, comme il a esté dit cy dessus.

---

(1) Il n'y a aucune preuve que ce chapelet soit le tiers du rosaire dominicain.   (2) Ainsi donc chaque maison comporte un noviciat.

6. [Fol. 4]. Et quand lesd. novices auront accompli leur annee de probation et non devant, et que les Sœurs les auront trouvees propres à la religion, par l'avis et ordonnance du visiteur on les poura recevoir à la profession et à faire les vœux comme Nostre St. Pere le pape l'a octroyé et accordé, et celle qui fera lesd. voeux dira en la maniere qui suit entre les mains de la superieure : « *Au nom du Pere, du Fils et du St. Esprit, Je, Sœur N. voue et promets à Dieu et à la glorieuse Vierge Marie, à St. François, à tous les Sts et à vous ma Mere, estre tous les jours de ma vie obeissante à Nostre St. Pere le pape et à ses successeurs canoniquement élus, et vivre en obeissance et pauvreté, sans propre, et en chasteté, et garder la tierce règle de Saint François confirmée par le pape Nicolas IV à la discretion de mes superieures* ». — Et celle qui reçoit la fille à la profession doit respondre : « *Sœur N., si vous observez ce que vous avez promis, je vous promets la vie eternelle* (1) ».

7. Et si quelqu'uns des superieurs, provincial ou visiteurs est present à lad. profession, après ce mot « *à vous ma Mere* » la fille doit dire « *et à vous mon Pere* ».

8. Et lesd. professes seront sous la discretion de la maitresse des jeunes sœurs l'espace de quatre ans, à moins que le visiteur ne donne quelque dispence.

Chapitre II.

Du service divin.

1. Comme toute la vie des personnes spirituelles doit tendre à servir Dieu purement et entierement, et que cela ne se peut faire facilement si elles n'ont certaines heures determinees pour eslever leurs cœurs à Dieu et implorer son secours, il est ordonné que touttes les sœurs, si elles ne sont excusees par la maladie ou autres occupations legitimes, se leveront tous les jours à matines à l'heure de minuit ou environ pour faire et dire le service divin, sçavoir les matines de Nostre-Dame (2) en commun avec les psaumes appartenant au jour, la ou est cette coutume et introduite, et les autres suffrages ordinaires, et les sœurs qui ne lisent point, diront leurs heures de *Pater noster*, chacunne en leur particulier avec les autres suffrages et prieres ordinaires.

2. Aprés lesd. heures et les suffrages chaque sœur fera sa recollection et son oraison privee selon la grace que Dieu luy donnera, sans faire paroitre quelque singularité de devotion par des soupirs ou autres ceremonies exterieures qui puissent troubler les autres, et elles seront ainsi en oraison du moins jusques à deux heures. Aprés deux heures elles s'en iront touttes au dortoir pour reposer jusques à cinq heures en eté, et en hyver jusques à six, ou les jours de chapitre jusques à cinq et demye.

----

(1) *Bull. franc.*, t. VII, p. 470-1.

(2) Cette prescription contraire à la règle du Tiers-Ordre n'a pas été imposée par le manque de temps, puisque les sœurs restent en oraison après matines. Elle n'a pas été admise par Léon X dans la règle de 1521 qui impose le grand office, comme l'avait fait Nicolas IV : « *Supra montem* », ch. VIII, prescrivant « l'office des clercs » et Jean XXIII prescrivant l'office « *secundum morem s. Romanae ecclesiae* » (*Bull. franc.*, t. VII, p. 471). Il ne permit l'office de la Vierge qu'à ceux qui ne pouvaient pas réciter le grand office. Les illettrés pouvaient dire des *Pater*.

3. [Fol. 5]. Le signe estant fait pour se lever, touttes celles qui sont à la maison et qui n'auront point d'empeschemnt legitime, au son de la cloche viendront à la chapelle pour dire prime, tierce et sexte, selon la disposition de la superieure, et après une partie ira entendre la messe (1) selon qu'elles seront envoyees, les autres pendant ce temps-là travailleront, et aprés que les premieres seront de retour, celles-cy iront aussi entendre la messe en leur chapelle, car alors elles demeureront touttes au couvent, exceptez les dimanches et les festes, auxquels jours elles iront entendre la grande messe en leur paroisse ou au couvent des religieux, s'il y en a quelqu'un proche de leur maison, comme il plaira à la superieure.

4. Aprés le diner et les graces elles diront nonne selon leur ancienne coutume et priront pour leurs bienfaiteurs vivants et trepassés. Elles diront vespres les jours auxquels il n'est point jeune à trois heures, et complies à sept; dans les autres jours elles les diront aux heures convenables selon que la superieure l'ordonnera, pourveu que vespres ordinairement soint toujours dites à une certaine heure et complie[s] à un autre.

5. Pendant le service divin aucune sœur ne se doit absenter ny sortir sans une permission expresse de la superieure ou de celle qui preside en son absence, et celles qui viendront après l'office commencé sans en avoir une excuse legitime, diront leur coulpe devant la communauté et auront une bonne penitence si cela est necessaire pour remedier à leur paresse; cette penitence est relevee à la discretion de la superieure.

6. Aprés que complies seront dites on sonnera trois fois la cloche de la chapelle pour dire l'*Ave Maria* et gaigner les indulgences, et pour lors elles se mettront devotement à genoux en oraison selon le temps qu'elles auront, et depuis le son de la cloche on gardera le silence jusques à prime; on peut cependant parler pour des choses necessaires, mais il faut que cela se fasse bas et en peu de mots pour ne troubler personne.

7. Comme c'est une ancienne pratique chez les Sœurs qu'une partie d'elles se dispose dedans huit jours (2) à recevoir le precieux Corps de Nostre Seigneur, et l'autre partie le huitieme jour suivant, si ce n'est que par quelque grande solemnité cet ordre soit interrompu, on ordonne que les Sœurs se disposent humblement et devotement à recevoir le Saint-Sacrement selon la conduite de la superieure et qu'elles ayent soin de se confesser humblement, sans faire de longues histoires ny de longues confessions, mais elles doivent dire leurs poohós on peu de mots et clairement, en sorte que leur confesseur les puissent entendre, ayant toujours les mains et la face couverte et tournee sans s'appuyer. Et il faut qu'on puisse pleinement voir le confesseur aussi bien que celle qui se confesse et qu'il y ait toujours une ou deux sœurs presentes.

Chapitre III.

De l'exercice des sœurs et comment elles doivent s'occuper.

1. [f. 6]. L'oisiveté estant cause de beaucoup de pechez et de vices, les Sœurs doivent diligemment après le service divin occuper leur

---

(1) Cf. *Supra montem*, ch. XIII.
(2) Cf. *Supra montem*, ch. VI, prescrivant la communion trois fois par an.

temps au travail en faisant des ouvrages utiles (1) au commun, selon que la superieure leur ordonnera. C'est pourquoy aprés prime dite au matin, celles qui ne sont pas occupees allieurs par l'ordre de la superieure se mettront au travail dans l'ouvroir ou autre part et feront leur ouvrage de la maniere qu'elles le sçavent faire et là elles garderont le silence toute la matinee jusques au diner.

2. Quand l'heure du diner sera venue, on sonnera la clochette (2) environ l'espace d'un *miserere* ou un peu moins, et alors les Sœurs qui seront dispersees se rassembleront en la chapelle on en un autre lieu convenable, et iront au refectoir en disant *De profundis*. Si elles sont rassemblees autre part on dira devotement le *Benedicite* selon l'usage romain; ensuitte elles se mettront à table et prendront ce qui leur sera servy, faisant cela dans la crainte de Dieu comme pauvres filles, et s'il arrive qu'on leur donne peu de choses et mal assaisonnees, elles le recevront avec patience, se souvenant qu'elles ne viennent pas au refectoir pour satisfaire la sensualité mais seulement pour donner à leur corps le necessaire.

3. Depuis le diner jusques à trois heures elles iront encore travailler, ensuite diront vespres et reviendront à l'ouvroir, et aprés iront souper, supposé qu'il ne soit pas jeune.

4. Et afin que l'ame soit refectionnee aussi bien que le corps, elles ne commenceront point à manger que la lecture ne soit commencee, et on lira toujours à table pendant le diner et souper des sœurs, au mo'ns trois fois, pendant un temps raisonnable. On lira aussi à la collation les jours de jeunes et toujours dans les bons livres et d'une saine doctrine, gardant le silence tout le temps du diner, du souper et de la collation (3), comme il se pratique dans touttes les religions bien reglecs; et s'il arrivoit que quelque fois il fut à propos de donner au[x] sœurs la permission de parler par recreation, on ne laissera pas cependant de lire du moins trois fois à chaque repas pour eviter les paroles oiseuses dont on doit rendre compte à Dieu.

5. Les Sœurs n'auront jamais chez elles aucuns livres que premierement elles ne l'ayent montré au visiteur et qu'il ne leur en ayt permis la lecture; elles mangeront touttes en commun excepté les infirmes. Nulle Sœur sous peine de bonne penitence ne se separera de la communauté assemblee, comme des heures du chapitre, du refectoir et du dortoir, sans une permission expresse de la superieure.

6. Les dimanches et les festes aprés le diner, celles qui n'iront point au sermon, se tiendront chez elles en oraison et en prieres et elles ne viendront point en la chapelle ou oratoire quand il y aura des seculiers, si ce n'est quand elles y seront envoyees par la superieure. Aprés complies touttes les Sœurs iront au dortoir au plus tard à huit heures et se reposeront jusques à minuit.

7. Depuis Pasques jusques à l'Exaltation Ste Croix (4), aprés que les Sœurs auront dit nonne, on sonnera la clochette pour le reposer ou prier Dieu et on gardera le silence l'espace d'une heure affin que les Sœurs puissent mieux reposer, cependant la superieure poura abreger la ditte heure et la reduire à demye heure quand quel-

---

(1) Cf. *Bull. franc.*, t. VII. p. 472 a.
(2) V. l'usage du premier Ordre, AFH, t. III, p. 64 s.
(3) Le m. porte: « collection ».
(4) Voir le même usage du premier Ordre, AFH, t. III, p. 65.

qu'ouvrage ou occupation commune [f. 7] pressera. Et les sœurs dormiront toujours vetues de tout l'habit de dessus et jamais deux ne reposeront dans le mesme lit, sinon quand elles seront dehors.

8. Il est aussi etroitement defendu aux sœurs de faire des ouvrages particuliers pour donner aux autres sans la permission de la superieure et que la chose luy soit montree, et si quelques sœurs estoint trouvees avoir manqué à cela, outre qu'elles seront privees de ce qu'elles auront fait; elles seront aigrement punies par le visiteur, si cela vient à sa connoissance.

9. Les sœurs ne permettront point aux particuliers de faire des festins chez elles ou diners ou soupers, si ce n'est pour des causes raisonnables dont il pouroit revenir quelque bonne edification et proffit spirituel pour elles et le prochain.

10. Jamais aussi elles ne logeront des homes en leur maison de quelque estat qu'ils soint, excepté les pauvres ordinaires ou bien proche parent de quelle que sœur, et ce en cas de grande necessité et les esloigneront de la voye des sœurs, elles ne logeront ces sortes de gens que rarement et seulement pour une nuit si cela se peut. Il faut outre cela qu'aucunne sœur n'y ayt accez sans permission et sans compagne expressement deputee pour cela et quand quelque sœur ira leur parler elle n'y demeurera que peu de temps. De mesmes elles ne permettront aux hommes de boire et manger en la communauté des sœurs et ne les laisseront point entrer quand elles mangeront ensemble, non plus que les femmes seculieres quand elles ne le pouront refuser sans scandale.

11. Les sœurs se garderont bien d'aller seules repondre à la porte non plus qu'à l'hopital des malades ou passants, surtout quand il y aura des homes, sans compagne ou au moins fille attendante qui la puisse voir, ouir et entendre, et cette compagne doit estre determinee par la discretion de la superieure tant qu'il sera possible, et generalement elles ne parleront à aucunne personne seculiere, homme ou femme sans permission de la superieure, et sans une compagne presente qui puisse entendre tout ce qu'ils disent et voir leur maintien; lequel statut il faut observer et dedans et dehors, et si quelque sœur s'avisoit d'aller contre, la compagne ou celle qui aura veu la faute, doit aussitost en advertir la superieure. La peine deue à celles qui feront contre le statut, est de manger autant de fois à terre, pendant une refection et sans scapulaire, et de mesme maniere doit estre punie celle qui ne l'accuseroit pas, supposé qu'elles ne reconnussent point leur faute, cependant une sœur qui diroit ouy ou non, ou respondroit en peu de mots aux choses qu'on luy demendroit sans vouloir frauder ce statut, telle sœur ne feroit pas une faute et ne meriteroit pas punition. Il sera facile à la compagne de discerner par les signes exterieurs qu'elle est l'intention de la sœur qui parle, car si elle ou la personne qui luy parle semble vouloir se cacher de lad. compagne, c'est une mechante marque.

12. On ne laissera point entrer les estrangers dans l'infirmerie ou officines de la maison, qu'il n'y ait toujours deux ou trois sœurs presentes, et qu'elles ne se separent point l'une de l'autre, afin qu'il n'y ait point de danger ni aucun lieu de soupçon.

13. Item pendant le jour on fermera les portes de la maison aussitost qu'on les aura ouvertes à ceux qui frapaient, comme la coutume ancienne le veut. La superieure aura toujours la copie de touttes les

clefs en garde [f. 8] et pendant le jour il y aura deux portieres lesquelles n'ouvriront les portes l'une sans l'autre, et demeureront tellement ensemble que tout ce qui sera fait ou dit à l'une, l'autre le puisse clairement entendre et voir..

14. Il est aussi defendu bien estroitement de recevoir des lettres ou de les envoyer sans permission expresse de la superieure et qu'elle sache ce qu'il a dedans, et si quelques unes font le contraire, elles seront aigrement punies et notees comme suspectes.

15. Les sœurs ne doivent rien recevoir, ny argent ni quoyque ce soit pour leur propre usage sans une permission expresse de la superieure ou du visiteur, et si tost qu'elles auront receu quelque chose, elles la mettront entre les mains de la superieure, autrement elles seront regardees comme proprietaires faisant contre leurs vœux.

16. Nulle sœur ne se donnera la liberté de recevoir quelqu'argent come pour distribuer aux pauvres ou pour executer quelque testament sans expresse permission ou consentement de la superieure, qui ne doit point donner ces sortes de permission sans grand avis et conseil; et si quelqu'une fait le contraire elle sera punie trés grievement come proprietaire, de mesme celles qui recevront en garde quelqu'argent ou enfin quelque chose que ce soit sans la permission de la superieure; toutes ces sortes de gens seront declarees proprietaires et traitees come telles, et si quelqu'une estoit trouvee telle à la mort, elle sera privee de sepulture sainte et mise en terre prophane selon le commandement de l'Eglise, et il faut que cela se fasse.

17. Item dans chaque couvent il y aura deux ou trois sœurs discrettes, par le conseil desquelles la superieure disposera des besognes du couvent, quand il y aura quelque chose de consequence à faire.

Chapitre IV.

Du service des malades (1).

1. La principale institution de cette compagnie estant de recevoir les pauvres et de les servir le[s] sœurs sçavent que ce n'est que gratuitement qu'elles vont servir les malades hors de leurs hopitaux; nonobstant cela quand par charité, pitié ou necessité, selon le jugement des superieures elles y sont envoyees, elles doivent simplement obeir et observer exactement ce, qui suit: sçavoir que, tant qu'elles sont, elles se doivent touttes devotement et charitablement employer à cet œuvre de misericorde sans se proposer autre chose que le pur amour de Dieu et le salut spirituel de leur prochain, faisant reflexion que Notre Sauveur Jesus-Christ est descendu du ciel pour visiter nos maladies; et en faisant les actions de charité elles se doivent humblement et charitablement maintenir quand elles y seront envoyees.

2. Et quand elles seront auprés du malade, elles le doivent humblement exhorter à se confesser et, si la maladie est dangereuse, il est de leur devoir de faire venir son curé et le disposer le mieux qu'il leur sera possible à se mettre bien avec Dieu comme bon chretien et enfant de la Sainte Église.

3. Et si on les demande pour aller en des maisons peu honestes elles se doivent excuser à moins qu'il n'y ait dans la maison du malade d'autres honestes femmes.

---

(1) Voir *Supra montem*, ch. XIV.

4. Elles se garderont bien aussi quand elles seront envoyeés dehors pour visiter les malades ou autre part, d'aller en aucun autre endroit que celuy oú elles seront envoyees et qu'elles ne se [f. 9] separent tellement l'une de l'autre qu'elles ne se puissent toujours voir et entendre si cela se peut; que si cela ne se pouvoit pas, accause de quelque accident raisonnable, elles seront obligees à leur retour de le dire à la superieure, soit qu'elles se soient separees, soit qu'elles ayent esté autrepart, et luy en diront en mesme temps la raison afin qu'on [n'] ayt aucun lieu de les soupçonner et s'il s'en trouvoit quelqu'unes qui manquassent à cela et le celassent, les compagnes doivent par obeissance en avertir la superieure et le dire à la visite; autrement si cela vient à estre decouvert, elles seront aigrement punies comme consentantes avec leur compagne et elles tiendront le banquet au díner et privees du St Sacrement pour un certain temps selon la qualité de la faute, sauf ce qui a esté dit cy-dessus au chapitre precedent.

5. Item pour eviter la familiarité avec les seculiers, deux sœurs ne veilleront pas dans une mesme maison plus de deux ou trois nuits si cela se peut, et parce que la charité bien ordonnee nous commende d'aimer davantage et rendre service à nos proches plustost qu'aux estrangers, il est ordonné par cette constitution, que quand il y aura quelque sœur malade, on luy rende tous les services possibles, et il y aura toujours une sœur douce, aimable et diligente, ordonnee par le visiteur qui en aura la charge et celle-cy servira lad. malade le plus charitablement qu'il luy sera possible pour l'amour de Nostre Seigneur Jesus-Christ.

Chapitre V.

De la maniere d'aller hors le couvent.

1. La conduite des sœurs devant estre tellement reglees qu'elles puissent profiter à elles mesmes par le merite d'une vie s^{te} et aux autres par une honeste conversation et de charitables services, on ordonne que quand les sœurs seront envoyees hors de leur maison selon que la superieure le trouvera à propos, elles iront toujours deux à deux ensemble comme la superieure les ordonnera et que celle-cy prenne garde de donner la compagne qu'on luy aura demandee, affin qu'il n'y ait point entre les sœurs [ ] parties liees et que touttes choses se fassent par obeissance.

2. Item il est ordonné qu'elles ne boiront ny ne mangeront en la ville où elles demeurent, si ce n'est quand elles gardent et servent les malades, comme aussi pour une cause raisonnable elles le peuvent faire, pourveu qu'elles en ayent une permission particuliere de la superieure.

3. Item quand il arrivera que les sœurs aillent de nuit par la ville, elles auront soin de porter une lanterne et de la lumiere, et la superieure ne doit envoyer ensemble que celles qui sont d'un esprit meur et rassis qui puissent bien parler de Dieu et edifier le prochain. Elles partiront de jour tant qu'il sera possible. Et qu'on ne laisse point courir les sœurs par la villes ou villages sans une necessité evidente.

4. Les sœurs ne doivent point faire vœux et promettre quelque pelerinages ou autres choses de cette nature, et s'il arrive que quelqu'une le fasse, outre qu'on ne luy laissera point accomplir sa promesse, elle sera encor punie à la discretion du visiteur.

Chapitre VI.

De la correction et visite des sœurs qui manquent à leur devoir.

1. Afin que touttes les sœurs puissent toujours vivre en plus grande pureté de vie, crainte de Dieu et luy estre de plus [f. 10] en plus soumises aussi bien qu'à leurs superieures et superieurs, touttes les semaines on tiendra le chapitre au moins une fois ou deux, s'il en est besoin, et là chaque sœur, comme si elle estoit devant le jugement du Seigneur, dira les fautes qu'elle aura faites, tant dans le service divin que dans l'ouvroir ou dans la maison, ou en paroles peu ordonnees contre les sœurs, les fautes aussi qu'elle aura commises en matiere de silence et hors la maison; et elles doivent humblement reconnoitre leurs fautes quand elles auront rompu le silence publiquement en temps et lieu defendu par leurs statuts: telle faute doit estre aigrement punie sans remission afin que la s^te observance du silence qui est trés necessaire au salut ne soit point negligee faute de correction.

2. Item si on entendoit quelque sœur murmurer contre la superieure, on est obligé de l'accuser et elle mangera à terre sans nappe pendant une refection; de la mesme maniere celle qui ne l'accusera pas, en cas que celle qui a murmuré ne s'accusat pas elle mesme, et si le murmur ou la detraction se fait à l'egard de quelqu'autre sœur, la murmuratrice aura discipline pour penitence ou sera punie autrement selon que la superieure le jugera à propos et que la faute le demandera.

3. Item dans chaque chapitre de coulpes la superieure doit aigrement reprendre les sœurs qui auront manqué aux heures ou à l'ouvroir, ou seront venues tard à quelqu'action de la communauté, ou enfin en seront sorties avant la fin sans une permission expresse, et elle doit imposer penitence selon la qualité de la faute.

4. Et aucunne ne doit parler en chapitre, si ce n'est pour decouvrir quelque grande faute et encore pour lors ne doit-on pas parler sans en avoir auparavant permission; si quelqu'une s'avisoit de parler sans permission elle aura une discipline et il ne luy faut point pardonner.

5. Il est aussi ordonné que la superieure accompagnee de [ ] aille souvent visiter les chambres et autres lieux de la maison pour voir si les sœurs n'ont rien qui ne soit selon leur estat et la s^te pauvreté, et si on trouvoit que quelques unes eussent quelque chose sans permission expresse ou qui ne luy fut pas convenable, la superieure par obeissance s'en doit saisir et punir la coupable.

6. Et parce que ce qui entretient une communauté c'est la concorde et la paix, les sœurs doivent bien prendre garde de se faire ou dire les unes aux autres quelques choses qui leur puisse deplaire et si quelqu'une par la suggestion du demon faisoit le contraire, devant qu'elle se couche elle doit de bon cœur et humblement demander pardon à la sœur qu'elle aura offensee et se reconcilier avec elle, et si, aprés en avoir esté avertie elle ne le vouloit pas faire en se rébellant contre la superieure, elle fera les penitences suivantes, touttes ou en partie suivant la qualité de la faute: premierement elle ne sortira point du convent; en second lieu elle ne communira point; troisiement elle ne parlera point aux seculiers et tiendra le banquet au disner et au souper; elle portera la cinture des novices et sera au dessous des professes jusques à qu'elle se soit reconnue; et si par cette punition

elle ne se corrige pas, elle sera mise en chambre de discipline et n'en sortira point du tout sans la permission du visiteur ou de celuy à qui le visiteur aura donné son pouvoir.

7. Les sœurs, soit jeunes, soit anciennes, se garderont bien de reprocher à quelqu'une ses fautes pour lesquelles elle aura esté corrigee, et [f. 11] punie, sen disant quand on les reprendra elles mesme ou par impatience: « Je n'ay point fait tel scandal comme telle et telle lesquelles cependant sont tolerees » ou bien en disant devant les novices ou autres: « Je me repend bien d'estre entree en religion » ou d'autres semblables paroles. Elles ne se mocqueront point non plus par signes ou parolles des corrections faites, ny de celles qui auront esté corrigee[s] ou punie[s], et si quelque sœur faisoit le contraire, de quelqu'estat qu'elle soit [ ] elle fera la mesme penitence que l'autre aura faite pour sa faute et ira trois fois sans scapulaire.

8. Si quelques sœurs estoient convaincues d'avoir revelé les secrets de la maison, comme le conseil du chapitre ou la punition des sœurs, ou bien d'avoir dit aux sœurs estrangeres ou aux seculiers du mal de quelqu'une d'elles de sorte qu'il s'en fut suivy du bruit ou du scandal, ou bien enfin d'avoir voulu subtilement decouvrir celles de qui elles auroint esté accusees, elles n'iront point en ville pendant trois mois, seront six semaines sans porter de scapulaire, seront un an sans parler aux seculiers et aux novices, à moins qu'il n'y ait si grande necessité qu'on ne le puisse refuser ; et outre cela elles seront encore autrement punies selon la qualité de la faute.

9. Seront aussi grievement punies celles qui curieusement s'approcheront du conseil des anciennes pour entendre les secrets.

10. Et les sœurs se doivent charitablement avertir les unes les autres quand elles remarqueront quelques fautes ou imperfection, que s'il y a apparence de peril ou scandal on est obligé de le dire à la superieure ou au visiteur, et la sœur estant aussi avertye doit recevoir agreablement l'avertissement de sa sœur, estant fortement persuadee qu'elle ne le fait que pour son bien et son salut; autrement si elle se montroit impatiente en respondant avec fiereté elle pecheroit grievement rendant le mal pour le bien.

Ce seroit bien pis si elle estoit reprise de la superieure et si elle se vouloit excuser ou justifier sans auparavant avoir obtenu la permission de parler.

11. Afin que l'ignorance ne soit cause de grandes fautes, il est ordonné que de deux en deux mois ces statuts-cy soient entierement lus en commun devant les sœurs lesquelles ne se donneront point la liberté de rien oster ny changer, cela estant reservé au seul visiteur qui en a reçu l'authorité du pape et qui, avec le conseil des superieures, au moins des plus anciennes assemblees, a le pouvoir d'y faire quelque changement (1).

12. Pour ce qui regarde le fait de la visite il est ordonné par le consentement de tout le commun des sœurs que quand le visiteur tiendra la visite il sera dans un lieu apparent de sorte qu'on le puisse clairement voir ; et premierement la superieure et [ ] donneront leurs clefs audit visiteur qui les poura oster ou changer s'il est necessaire, ne le faisant cependant qu'avec le consentement de la plus saine partie de la communauté.

____

(1) V. *Bull. franc.*, t. VII, p. 472 b.

13. Et afin que les convents de cet ordre demeurent plus unis ensemble, il est ordonné que ce n'est et ne sera qu'un corps et un[e] compagnie, et que les sœurs pouront aller et venir les unes avec les autres ayant permission du visiteur, comme si elles estoint dans leurs propres convent[s], et elles seront receues avec beaucoup de charité quand elles s'iront voir les unes les autres.

14. Pour mieux entretenir l'uniformité en touttes choses aucun convent n'introduira aucune nouveauté dans la commune maniere de vivre en cette compagnie à moins que tous les autres convents ne l'acceptent; le pere visiteur poura aussy faire passer le[s] sœurs d'un convent en un autre quand il le trouvera expedient et raisonnable.

15. Le visiteur par les statuts et ordonnances ne veut (sic) pas obliger les sœurs à quelque coulpe si elles n'y sont obligees par le commendement [f. 12] de l'Eglise ou par quelque autre droit particulier; elles sont nea[n]moins obligees de faire les penitences qui sont icy taxees et ordonnees et les superieures n'auront le pouvoir de dispenser personne qu'autant que le visiteur l'aura permis et selon qu'elles seront trouvees meures, prudentes et discretes.

16. Il est aussi deffendu aux sœurs de faire eslire pour superieure une personne qui leur plait et d'engager les autres pour cela à agir contre leur conscience, comme aussi de murmurer et dire du mal de celles qui auront eslu une autre qui n'est point de leur gout, et celles qui verront ou entendront le contraire sont obligees d'en advertir le visiteur.

17. Enfin pour entretenir la charité qui est l'ame de la religion une chacunne se gardera bien de parler on murmurer sur autruy de quoy que ce soit, de dire des paroles oiseuses, de dissolution ou de legereté; elles eviteront aussi toutte(s) curiosité en leurs habits, demarches, paroles, boire et manger, et en touttes leurs actions se tenant toujours dans un estat de mortification devant touttes sortes de persoues comme le demande l'humilité et la simplicité de la religion; fuiant autant qu'il leur sera possible le monde et la compagnie des séculiers.

18. Item dans chaque congregation geńerale(1) quand la chose se poura faire et que le pere vicaire provincial y sera present il fera s'il luy plait sortir le visiteur et s'informera des sœurs, quelle conduite luy et ses compagnons auront tenu parmy elles et comment ils auront exercé leur office l'annee passee, et s'il trouve que le visiteur et ses compagnons ayent fait quelque chose à laquelle on puisse mettre ordre, il l'en avertira; mais s'il trovoit que ce fut quelque chose de consequence qui portat prejudice au salut des sœurs et difficile à corriger, supposé que ce soit un autre que le visiteur on prira le P. provincial ou le visiteur de ne plus permettre que le frere vienne chez les sœurs qui, si c'est le visiteur mesme et que l'on [n']ayt pas esperance de son amendement, les anciennes feront leur devoir auprés dud. Pere provincial en demandant un autre visiteur, et celuy-cy aprés s'estre pleinement informé s'il le juge à propos aura la bonté de donner un autre visiteur. Cependant si on peut remedier et qu'il y ayt apparence d'amandement il n'est point à propos de faire à un visiteur l'affront de le deposer, il suffit aprés qu'il sera rentré

____

(1) V. *Bull. franc.*, t. VII, p. 472 b.

en la compagnie des sœurs que le P. vicaire provincial l'avertisse de se corriger de telle ou telle faute qu'on aura remarqué en luy ou en son compagnon.

Chapitre VII.

Des suffrages et prières pour les morts.

1. Quand quelque sœur sera defunte(1) chaque sœur du convent où elle sera defunte dira une vigile à neuf leçons et celles qui ne sçavent pas lire diront cent fois le *Pater noster* et l'*Ave Maria* avec le *Requiem*, et une chacunne si elle le peut prendra en son particulier une discipline pour le soulagement de son ame; outre cela trente jours durant on dira en communauté un *De profundis* avec *Requiem* et à la fin *Pater noster* et les oraisons, sçavoir *Satisfaciat, Deus veniae largitor* et *Fidelium*.

2. Mais pour chaque sœur defunte en un autre convent on dira en commun le *De profundis* avec l'oraison *Satisfaciat* et après cela cinq *Pater noster* et cinq *Ave Maria*, les bras en croix et en commun, et cela se fera quand on aura eu nouvelle de la mort d'une sœur en quelque convent, et chaque superieure doit avoir soin quand une sœur de son convent sera decedee de le faire sçavoir au plus tost aux autres convents, et s'il avrivoit qu'en un mesme jour on apprit dans un convent la mort de plusieurs sœurs on dira les suffrages *De profundis* et cinq *Pater noster* pour chacunne, non pas dans une mesme, mais en differentes heures du jour, ou le lendemain.

3. Item pour chaque pauvre qui decedera en l'hopital on dira en commun un *De profundis* avec *Requiem, Pater noster* et l'oraison pour un homme *Inclina Domine* et pour une femme *Quaesumus*.

4. Item pour touttes les ames des sœurs defuntes et des bienfaicteurs, chaque sœur dira touttes les semaines une vigile à trois leçons ou le sept pseaumes de Requiem; celles qui ne sçavent lire diront trente fois le *Pater noster*, l'*Ave Maria*, avec le *Requiem*.

5. Item chaque semaine de caresme on dira une vigile à neuf leçons on deux sept pseaumes; celles qui ne scavent lire diront cent *Pater noster* avec le *Requiem*.

6. Item en caresme tous les jours aprés complies on dira les quinze pseaumes de Nostre Dame sçavoir *Ad Dominum cum tribularer* et les autres suivants, celles qui ne les sçavent point diront pour chaque fois quinze *Ave Maria* et aprés l'*Ave Maria* un *Pater*.

7. Item en caresme touttes les nuits aprés matinnes on dira les sept pseaumes avec les litanies en commun; celles qui ne les sçavent point diront pour chaque sept pseaumes trente fois Pater noster.

Paris.   HENRI LEMAÎTRE.

---

(1) Cf. *Supra montem* ch. XIV.